# 中华人民共和国行政处罚法

# 国务院关于进一步贯彻实施《中华人民共和国行政处罚法》的通知

中国法制出版社

# 目　录

# 中华人民共和国主席令

## 第七十号

《中华人民共和国行政处罚法》已由中华人民共和国第十三届全国人民代表大会常务委员会第二十五次会议于 2021 年 1 月 22 日修订通过，现予公布，自 2021 年 7 月 15 日起施行。

中华人民共和国主席　习近平

2021 年 1 月 22 日

# 中华人民共和国行政处罚法

（1996年3月17日第八届全国人民代表大会第四次会议通过　根据2009年8月27日第十一届全国人民代表大会常务委员会第十次会议《关于修改部分法律的决定》第一次修正　根据2017年9月1日第十二届全国人民代表大会常务委员会第二十九次会议《关于修改〈中华人民共和国法官法〉等八部法律的决定》第二次修正　2021年1月22日第十三届全国人民代表大会常务委员会第二十五次会议修订）

目　　录

## 第一章　总　　则

**第一条**　为了规范行政处罚的设定和实施，保障和监督行政机关有效实施行政管理，维护公共利益和社会秩序，保护公民、法人或者其他组织的合法权益，根据宪法，制定本法。

**第二条**　行政处罚是指行政机关依法对违反行政管理秩序的公民、法人或者其他组织，以减损权益或者增加义务的方式予以惩戒的行为。

**第三条**　行政处罚的设定和实施，适用本法。

**第四条**　公民、法人或者其他组织违反行政管理秩序的行为，应当给予行政处罚的，依照本法由法律、法规、规章规定，并由行政机关依照本法规定的程序实施。

**第五条**　行政处罚遵循公正、公开的原则。

设定和实施行政处罚必须以事实为依据，与违法行为的事实、性质、情节以及社会危害程度相当。

对违法行为给予行政处罚的规定必须公布；未经公布的，不得作为行政处罚的依据。

**第六条** 实施行政处罚，纠正违法行为，应当坚持处罚与教育相结合，教育公民、法人或者其他组织自觉守法。

**第七条** 公民、法人或者其他组织对行政机关所给予的行政处罚，享有陈述权、申辩权；对行政处罚不服的，有权依法申请行政复议或者提起行政诉讼。

公民、法人或者其他组织因行政机关违法给予行政处罚受到损害的，有权依法提出赔偿要求。

**第八条** 公民、法人或者其他组织因违法行为受到行政处罚，其违法行为对他人造成损害的，应当依法承担民事责任。

违法行为构成犯罪，应当依法追究刑事责任的，不得以行政处罚代替刑事处罚。

## 第二章 行政处罚的种类和设定

**第九条** 行政处罚的种类：

（一）警告、通报批评；

（二）罚款、没收违法所得、没收非法财物；

（三）暂扣许可证件、降低资质等级、吊销许可证件；

（四）限制开展生产经营活动、责令停产停业、责令关闭、限制从业；

（五）行政拘留；

（六）法律、行政法规规定的其他行政处罚。

**第十条** 法律可以设定各种行政处罚。

限制人身自由的行政处罚，只能由法律设定。

**第十一条** 行政法规可以设定除限制人身自由以外的行政处罚。

法律对违法行为已经作出行政处罚规定，行政法规需要作出具体规定的，必须在法律规定的给予行政处罚的行为、种类和幅度的范围内规定。

法律对违法行为未作出行政处罚规定，行政法规为实施法律，可以补充设定行政处罚。拟补充设定行政处罚的，应当通过听证会、论证会等形式广泛听取意见，并向制定机关作出书面说明。行政法规报送备案时，应当说明补充设定行政处罚的情况。

**第十二条** 地方性法规可以设定除限制人身自由、吊销营业执照以外的行政处罚。

法律、行政法规对违法行为已经作出行政处罚规定，地方性法规需要作出具体规定的，必须在法律、行政法规规定的给予行政处罚的行为、种类和幅度的范围内规定。

法律、行政法规对违法行为未作出行政处罚规定，地方性法规为实施法律、行政法规，可以补充设定行政处罚。拟补充设定行政处罚的，应当通过听证会、论证会等形式广泛听取意见，并向制定机关作出书面说明。地方性法规报送备案时，应当说明补充设定行政处罚的情况。

**第十三条** 国务院部门规章可以在法律、行政法规规定的给予行政处罚的行为、种类和幅度的范围内作出具体规定。

尚未制定法律、行政法规的，国务院部门规章对违反行政管理秩序的行为，可以设定警告、通报批评或者一定数额罚款的行政处罚。罚款的限额由国务院规定。

**第十四条** 地方政府规章可以在法律、法规规定的给予行政处罚的行为、种类和幅度的范围内作出具体规定。

尚未制定法律、法规的，地方政府规章对违反行政管理秩序的行为，可以设定警告、通报批评或者一定数额罚款的行政处罚。罚款的限额由省、自治区、直辖市人民代表大会常务委员会规定。

**第十五条** 国务院部门和省、自治区、直辖市人民政府及其有关部门应当定期组织评估行政处罚的实施情况和必要性，对不适当的行政处罚事项及种类、罚款数额等，应当提出修改或者废止的建议。

**第十六条** 除法律、法规、规章外，其他规范性文件不得设定行政处罚。

## 第三章 行政处罚的实施机关

**第十七条** 行政处罚由具有行政处罚权的行政机关在法定职权范围内实施。

**第十八条** 国家在城市管理、市场监管、生态环境、文化市场、交通运输、应急管理、农业等领域推行建立综合行政执法制度，相对集中行政处罚权。

国务院或者省、自治区、直辖市人民政府可以决定一个行政机关行使有关行政机关的行政处罚权。

限制人身自由的行政处罚权只能由公安机关和法律规定的其他机关行使。

**第十九条** 法律、法规授权的具有管理公共事务职能的组织可以在法定授权范围内实施行政处罚。

**第二十条** 行政机关依照法律、法规、规章的规定，可以在其法定权限内书面委托符合本法第二十一条规定条件的组织实施行政处罚。行政机关不得委托其他组织或者个人实施行政处罚。

委托书应当载明委托的具体事项、权限、期限等内容。委托行政机关和受委托组织应当将委托书向社会公布。

委托行政机关对受委托组织实施行政处罚的行为应当负责监督，并对该行为的后果承担法律责任。

受委托组织在委托范围内，以委托行政机关名义实施行政处罚；不得再委托其他组织或者个人实施行政处罚。

**第二十一条** 受委托组织必须符合以下条件：

（一）依法成立并具有管理公共事务职能；

（二）有熟悉有关法律、法规、规章和业务并取得行政执法资格的工作人员；

（三）需要进行技术检查或者技术鉴定的，应当有条件组织进行相应的技术检查或者技术鉴定。

## 第四章 行政处罚的管辖和适用

**第二十二条** 行政处罚由违法行为发生地的行政机关管辖。法律、行政法规、部门规章另有规定的，从其规定。

**第二十三条** 行政处罚由县级以上地方人民政府具有行政处罚权的行政机关管辖。法律、行政法规另有规定的，从其规定。

**第二十四条** 省、自治区、直辖市根据当地实际情况，可以决定将基层管理迫切需要的县级人民政府部门的行政处罚权交由能够有效承接的乡镇人民政府、街道办事处行使，并定期组织评估。决定应当公布。

承接行政处罚权的乡镇人民政府、街道办事处应当加强执法能力建设，按照规定范围、依照法定程序实施行政处罚。

有关地方人民政府及其部门应当加强组织协调、业务指导、执法监督，建立健全行政处罚协调配合机制，完善评议、考核制度。

**第二十五条** 两个以上行政机关都有管辖权的，由最先立案的行政机关管辖。

对管辖发生争议的，应当协商解决，协商不成的，报请共同的上一级行政机关指定管辖；也可以直接由共同的上一级行政机关指定管辖。

**第二十六条** 行政机关因实施行政处罚的需要，可以向有关机关提出协助请求。协助事项属于被请求机关职权范围内的，应当依法予以协助。

**第二十七条** 违法行为涉嫌犯罪的，行政机关应当及时将案件移送司法机关，依法追究刑事责任。对依法不需要追究刑事责任或者免予刑事处罚，但应当给予行政处罚的，司法机关应当及时将案件移送有关行政机关。

行政处罚实施机关与司法机关之间应当加强协调配合，建立健全案件移送制度，加强证据材料移交、接收衔接，完善案件处理信息通报机制。

**第二十八条** 行政机关实施行政处罚时，应当责令当事人改正或者限期改正违法行为。

当事人有违法所得，除依法应当退赔的外，应当予以没收。违法所得是指实施违法行为所取得的款项。法律、行政法规、部门规章对违法所得的计算另有规定的，从其规定。

**第二十九条** 对当事人的同一个违法行为，不得给予两次以上罚款的行政处罚。同一个违法行为违反多个法律规范应当给予罚款处罚的，按照罚款数额高的规定处罚。

**第三十条** 不满十四周岁的未成年人有违法行为的，不予行政处罚，责令监护人加以管教；已满十四周岁不满十八周岁的未成年人有违法行为的，应当从轻或者减轻行政处罚。

**第三十一条** 精神病人、智力残疾人在不能辨认或者不能控制自己行为时有违法行为的，不予行政处罚，但应当责令其监护人严加看管和治疗。间歇性精神病人在精神正常时有违法行为的，应当给予行政处罚。尚未完全丧失辨认或者控制自己行为能力的精神病人、智力残疾人有违法行为的，可以从轻或者减轻行政处罚。

**第三十二条**　当事人有下列情形之一，应当从轻或者减轻行政处罚：

（一）主动消除或者减轻违法行为危害后果的；

（二）受他人胁迫或者诱骗实施违法行为的；

（三）主动供述行政机关尚未掌握的违法行为的；

（四）配合行政机关查处违法行为有立功表现的；

（五）法律、法规、规章规定其他应当从轻或者减轻行政处罚的。

**第三十三条**　违法行为轻微并及时改正，没有造成危害后果的，不予行政处罚。初次违法且危害后果轻微并及时改正的，可以不予行政处罚。

当事人有证据足以证明没有主观过错的，不予行政处罚。法律、行政法规另有规定的，从其规定。

对当事人的违法行为依法不予行政处罚的，行政机关应当对当事人进行教育。

**第三十四条**　行政机关可以依法制定行政处罚裁量基准，规范行使行政处罚裁量权。行政处罚裁量基准应当向社会公布。

**第三十五条**　违法行为构成犯罪，人民法院判处拘役或者有期徒刑时，行政机关已经给予当事人行政拘留的，应当依法折抵相应刑期。

违法行为构成犯罪，人民法院判处罚金时，行政机关已经给予当事人罚款的，应当折抵相应罚金；行政机关尚未给予当事人罚款的，不再给予罚款。

**第三十六条** 违法行为在二年内未被发现的，不再给予行政处罚；涉及公民生命健康安全、金融安全且有危害后果的，上述期限延长至五年。法律另有规定的除外。

前款规定的期限，从违法行为发生之日起计算；违法行为有连续或者继续状态的，从行为终了之日起计算。

**第三十七条** 实施行政处罚，适用违法行为发生时的法律、法规、规章的规定。但是，作出行政处罚决定时，法律、法规、规章已被修改或者废止，且新的规定处罚较轻或者不认为是违法的，适用新的规定。

**第三十八条** 行政处罚没有依据或者实施主体不具有行政主体资格的，行政处罚无效。

违反法定程序构成重大且明显违法的，行政处罚无效。

## 第五章 行政处罚的决定

### 第一节 一般规定

**第三十九条** 行政处罚的实施机关、立案依据、实施程序和救济渠道等信息应当公示。

**第四十条** 公民、法人或者其他组织违反行政管理秩序的行为，依法应当给予行政处罚的，行政机关必须查明事实；违法事实不清、证据不足的，不得给予行政处罚。

**第四十一条** 行政机关依照法律、行政法规规定利用电子技术监控设备收集、固定违法事实的，应当经过法制和技术审核，确保电子技术监控设备符合标准、设置合理、标志明显，设置地点应当向社会公布。

电子技术监控设备记录违法事实应当真实、清晰、完整、准确。行政机关应当审核记录内容是否符合要求；未经审核或者经审核不符合要求的，不得作为行政处罚的证据。

行政机关应当及时告知当事人违法事实，并采取信息化手段或者其他措施，为当事人查询、陈述和申辩提供便利。不得限制或者变相限制当事人享有的陈述权、申辩权。

**第四十二条** 行政处罚应当由具有行政执法资格的执法人员实施。执法人员不得少于两人，法律另有规定的除外。

执法人员应当文明执法，尊重和保护当事人合法权益。

**第四十三条** 执法人员与案件有直接利害关系或者有其他关系可能影响公正执法的，应当回避。

当事人认为执法人员与案件有直接利害关系或者有其他关系可能影响公正执法的，有权申请回避。

当事人提出回避申请的，行政机关应当依法审查，由行政机关负责人决定。决定作出之前，不停止调查。

**第四十四条** 行政机关在作出行政处罚决定之前，应当告知当事人拟作出的行政处罚内容及事实、理由、依据，并告知当事人依法享有的陈述、申辩、要求听证等权利。

**第四十五条** 当事人有权进行陈述和申辩。行政机关必须充分听取当事人的意见，对当事人提出的事实、理由和证据，应当进行复核；当事人提出的事实、理由或者证据成立的，行政机关应当采纳。

行政机关不得因当事人陈述、申辩而给予更重的处罚。

**第四十六条** 证据包括：

（一）书证；

（二）物证；

（三）视听资料；

（四）电子数据；

（五）证人证言；

（六）当事人的陈述；

（七）鉴定意见；

（八）勘验笔录、现场笔录。

证据必须经查证属实，方可作为认定案件事实的根据。

以非法手段取得的证据，不得作为认定案件事实的根据。

**第四十七条** 行政机关应当依法以文字、音像等形式，对行政处罚的启动、调查取证、审核、决定、送达、执行等进行全过程记录，归档保存。

**第四十八条** 具有一定社会影响的行政处罚决定应当依法公开。

公开的行政处罚决定被依法变更、撤销、确认违法或者确认无效的，行政机关应当在三日内撤回行政处罚决定信息并公开说明理由。

**第四十九条** 发生重大传染病疫情等突发事件，为了控制、减轻和消除突发事件引起的社会危害，行政机关对违反突发事件应对措施的行为，依法快速、从重处罚。

**第五十条** 行政机关及其工作人员对实施行政处罚过程中知悉的国家秘密、商业秘密或者个人隐私，应当依法予以保密。

### 第二节 简易程序

**第五十一条** 违法事实确凿并有法定依据，对公民处以二百元以下、对法人或者其他组织处以三千元以下罚款或者警告的行政处罚的，可以当场作出行政处罚决定。法律另有规定的，从其规定。

**第五十二条** 执法人员当场作出行政处罚决定的，应当向当事人出示执法证件，填写预定格式、编有号码的行政处罚决定书，并当场交付当事人。当事人拒绝签收的，应当在行政处罚决定书上注明。

前款规定的行政处罚决定书应当载明当事人的违法行为，行政处罚的种类和依据、罚款数额、时间、地点，申请行政复议、提起行政诉讼的途径和期限以及行政机关名称，并由执法人员签名或者盖章。

执法人员当场作出的行政处罚决定，应当报所属行政机关备案。

**第五十三条** 对当场作出的行政处罚决定，当事人应当依照本法第六十七条至第六十九条的规定履行。

## 第三节 普通程序

**第五十四条** 除本法第五十一条规定的可以当场作出的行政处罚外，行政机关发现公民、法人或者其他组织有依法应当给予行政处罚的行为的，必须全面、客观、公正地调查，收集有关证据；必要时，依照法律、法规的规定，可以进行检查。

符合立案标准的，行政机关应当及时立案。

**第五十五条** 执法人员在调查或者进行检查时，应当主动向当事人或者有关人员出示执法证件。当事人或者有关人员有权要求执法人员出示执法证件。执法人员不出示执法证件的，当事人或者有关人员有权拒绝接受调查或者检查。

当事人或者有关人员应当如实回答询问，并协助调查或者检查，不得拒绝或者阻挠。询问或者检查应当制作笔录。

**第五十六条** 行政机关在收集证据时，可以采取抽样取证的方法；在证据可能灭失或者以后难以取得的情况下，经行政机关负责人批准，可以先行登记保存，并应当在七日内及时作出处理决定，在此期间，当事人或者有关人员不得销毁或者转移证据。

**第五十七条** 调查终结，行政机关负责人应当对调查结果进行审查，根据不同情况，分别作出如下决定：

（一）确有应受行政处罚的违法行为的，根据情节轻重及具体情况，作出行政处罚决定；

（二）违法行为轻微，依法可以不予行政处罚的，不予行政处罚；

（三）违法事实不能成立的，不予行政处罚；

（四）违法行为涉嫌犯罪的，移送司法机关。

对情节复杂或者重大违法行为给予行政处罚，行政机关负责人应当集体讨论决定。

**第五十八条** 有下列情形之一，在行政机关负责人作出行政处罚的决定之前，应当由从事行政处罚决定法制审核的人员进行法制审核；未经法制审核或者审核未通过的，不得作出决定：

（一）涉及重大公共利益的；

（二）直接关系当事人或者第三人重大权益，经过听证程序的；

（三）案件情况疑难复杂、涉及多个法律关系的；

（四）法律、法规规定应当进行法制审核的其他情形。

行政机关中初次从事行政处罚决定法制审核的人员，应当通过国家统一法律职业资格考试取得法律职业资格。

**第五十九条** 行政机关依照本法第五十七条的规定给予行政处罚，应当制作行政处罚决定书。行政处罚决定书应当载明下列事项：

（一）当事人的姓名或者名称、地址；

（二）违反法律、法规、规章的事实和证据；

（三）行政处罚的种类和依据；

（四）行政处罚的履行方式和期限；

（五）申请行政复议、提起行政诉讼的途径和期限；

（六）作出行政处罚决定的行政机关名称和作出决定的日期。

行政处罚决定书必须盖有作出行政处罚决定的行政机关的印章。

**第六十条** 行政机关应当自行政处罚案件立案之日起九十日内作出行政处罚决定。法律、法规、规章另有规定的，从其规定。

**第六十一条** 行政处罚决定书应当在宣告后当场交付当事人；当事人不在场的，行政机关应当在七日内依照《中华人民共和国民事诉讼法》的有关规定，将行政处罚决定书送达当事人。

当事人同意并签订确认书的，行政机关可以采用传真、电子邮件等方式，将行政处罚决定书等送达当事人。

**第六十二条** 行政机关及其执法人员在作出行政处罚决定之前，未依照本法第四十四条、第四十五条的规定向当事人告知拟作出的行政处罚内容及事实、理由、依据，或者拒绝听取当事人的陈述、申辩，不得作出行政处罚决定；当事人明确放弃陈述或者申辩权利的除外。

### 第四节 听证程序

**第六十三条** 行政机关拟作出下列行政处罚决定，应当告知当事人有要求听证的权利，当事人要求听证的，行政机关应当组织听证：

（一）较大数额罚款；

（二）没收较大数额违法所得、没收较大价值非法财物；

（三）降低资质等级、吊销许可证件；

（四）责令停产停业、责令关闭、限制从业；

（五）其他较重的行政处罚；

（六）法律、法规、规章规定的其他情形。

当事人不承担行政机关组织听证的费用。

**第六十四条** 听证应当依照以下程序组织：

（一）当事人要求听证的，应当在行政机关告知后五日内提出；

（二）行政机关应当在举行听证的七日前，通知当事人及有关人员听证的时间、地点；

（三）除涉及国家秘密、商业秘密或者个人隐私依法予以保密外，听证公开举行；

（四）听证由行政机关指定的非本案调查人员主持；当事人认为主持人与本案有直接利害关系的，有权申请回避；

（五）当事人可以亲自参加听证，也可以委托一至二人代理；

（六）当事人及其代理人无正当理由拒不出席听证或者未经许可中途退出听证的，视为放弃听证权利，行政机关终止听证；

（七）举行听证时，调查人员提出当事人违法的事实、证据和行政处罚建议，当事人进行申辩和质证；

（八）听证应当制作笔录。笔录应当交当事人或者其代理人核对无误后签字或者盖章。当事人或者其代理人拒绝签字或者盖章的，由听证主持人在笔录中注明。

**第六十五条** 听证结束后，行政机关应当根据听证笔录，依照本法第五十七条的规定，作出决定。

## 第六章 行政处罚的执行

**第六十六条** 行政处罚决定依法作出后，当事人应当在行政处罚决定书载明的期限内，予以履行。

当事人确有经济困难，需要延期或者分期缴纳罚款的，经当事人申请和行政机关批准，可以暂缓或者分期缴纳。

**第六十七条** 作出罚款决定的行政机关应当与收缴罚款的机构分离。

除依照本法第六十八条、第六十九条的规定当场收缴的罚款外，作出行政处罚决定的行政机关及其执法人员不得自行收缴罚款。

当事人应当自收到行政处罚决定书之日起十五日内，到指定的银行或者通过电子支付系统缴纳罚款。银行应当收受罚款，并将罚款直接上缴国库。

**第六十八条** 依照本法第五十一条的规定当场作出行政处罚决定，有下列情形之一，执法人员可以当场收缴罚款：

（一）依法给予一百元以下罚款的；

（二）不当场收缴事后难以执行的。

**第六十九条** 在边远、水上、交通不便地区，行政机关及其执法人员依照本法第五十一条、第五十七条的规定作出罚款决定后，当事人到指定的银行或者通过电子支付系统缴纳罚款确有困难，经当事人提出，行政机关及其执法人员可以当场收缴罚款。

**第七十条** 行政机关及其执法人员当场收缴罚款的，必须向当事人出具国务院财政部门或者省、自治区、直辖市人民政府财政部门统一制发的专用票据；不出具财政部门统一制发的专用票据的，当事人有权拒绝缴纳罚款。

**第七十一条** 执法人员当场收缴的罚款，应当自收缴罚款之日起二日内，交至行政机关；在水上当场收缴的罚款，应当自抵岸之日起二日内交至行政机关；行政机关应当在二日内将罚款缴付指定的银行。

**第七十二条** 当事人逾期不履行行政处罚决定的，作出行政处罚决定的行政机关可以采取下列措施：

（一）到期不缴纳罚款的，每日按罚款数额的百分之三加处罚款，加处罚款的数额不得超出罚款的数额；

（二）根据法律规定，将查封、扣押的财物拍卖、依法处理或者将冻结的存款、汇款划拨抵缴罚款；

（三）根据法律规定，采取其他行政强制执行方式；

（四）依照《中华人民共和国行政强制法》的规定申请人民法院强制执行。

行政机关批准延期、分期缴纳罚款的，申请人民法院强制执行的期限，自暂缓或者分期缴纳罚款期限结束之日起计算。

**第七十三条** 当事人对行政处罚决定不服，申请行政复议或者提起行政诉讼的，行政处罚不停止执行，法律另有规定的除外。

当事人对限制人身自由的行政处罚决定不服，申请行政复议或者提起行政诉讼的，可以向作出决定的机关提出暂缓执行申请。符合法律规定情形的，应当暂缓执行。

当事人申请行政复议或者提起行政诉讼的，加处罚款的数额在行政复议或者行政诉讼期间不予计算。

**第七十四条** 除依法应当予以销毁的物品外，依法没收的非法财物必须按照国家规定公开拍卖或者按照国家有关规定处理。

罚款、没收的违法所得或者没收非法财物拍卖的款项，必须全部上缴国库，任何行政机关或者个人不得以任何形式截留、私分或者变相私分。

罚款、没收的违法所得或者没收非法财物拍卖的款项，不得同作出行政处罚决定的行政机关及其工作人员的考核、考评直接或者变相挂钩。除依法应当退还、退赔的外，财政部门不得以任何形式向作出行政处罚决定的行政机关返还罚款、没收的违法所得或者没收非法财物拍卖的款项。

**第七十五条** 行政机关应当建立健全对行政处罚的监督制度。县级以上人民政府应当定期组织开展行政执法评议、考核，加强对行政处罚的监督检查，规范和保障行政处罚的实施。

行政机关实施行政处罚应当接受社会监督。公民、法人或者其他组织对行政机关实施行政处罚的行为，有权申诉或者检举；行政机关应当认真审查，发现有错误的，应当主动改正。

## 第七章 法律责任

**第七十六条** 行政机关实施行政处罚，有下列情形之一，由上级行政机关或者有关机关责令改正，对直接负责的主管人员和其他直接责任人员依法给予处分：

（一）没有法定的行政处罚依据的；

（二）擅自改变行政处罚种类、幅度的；

（三）违反法定的行政处罚程序的；

（四）违反本法第二十条关于委托处罚的规定的；

（五）执法人员未取得执法证件的。

行政机关对符合立案标准的案件不及时立案的，依照前款规定予以处理。

**第七十七条** 行政机关对当事人进行处罚不使用罚款、没收财物单据或者使用非法定部门制发的罚款、没收财物单据的，当事人有权拒绝，并有权予以检举，由上级行政机关或者有关机关对使用的非法单据予以收缴销毁，对直接负责的主管人员和其他直接责任人员依法给予处分。

**第七十八条** 行政机关违反本法第六十七条的规定自行收缴罚款的，财政部门违反本法第七十四条的规定向行政机关返还罚款、没收的违法所得或者拍卖款项的，由上级行政机关或者有关机关责令改正，对直接负责的主管人员和其他直接责任人员依法给予处分。

**第七十九条** 行政机关截留、私分或者变相私分罚款、没收的违法所得或者财物的，由财政部门或者有关机关予以追缴，对直接负责的主管人员和其他直接责任人员依法给予处分；情节严重构成犯罪的，依法追究刑事责任。

执法人员利用职务上的便利，索取或者收受他人财物、将收缴罚款据为己有，构成犯罪的，依法追究刑事责任；情节轻微不构成犯罪的，依法给予处分。

**第八十条** 行政机关使用或者损毁查封、扣押的财物，对当事人造成损失的，应当依法予以赔偿，对直接负责的主管人员和其他直接责任人员依法给予处分。

**第八十一条** 行政机关违法实施检查措施或者执行措施，给公民人身或者财产造成损害、给法人或者其他组织造成损失的，应当依法予以赔偿，对直接负责的主管人员和其他直接责任人员依法给予处分；情节严重构成犯罪的，依法追究刑事责任。

**第八十二条** 行政机关对应当依法移交司法机关追究刑事责任的案件不移交，以行政处罚代替刑事处罚，由上级行政机关或者有关机关责令改正，对直接负责的主管人员和其他直接责任人员依法给予处分；情节严重构成犯罪的，依法追究刑事责任。

**第八十三条** 行政机关对应当予以制止和处罚的违法行为不予制止、处罚，致使公民、法人或者其他组织的合法权益、公共利益和社会秩序遭受损害的，对直接负责的主管人员和其他直接责任人员依法给予处分；情节严重构成犯罪的，依法追究刑事责任。

## 第八章　附　　则

**第八十四条**　外国人、无国籍人、外国组织在中华人民共和国领域内有违法行为，应当给予行政处罚的，适用本法，法律另有规定的除外。

**第八十五条**　本法中“二日”“三日”“五日”“七日”的规定是指工作日，不含法定节假日。

**第八十六条**　本法自 2021 年 7 月 15 日起施行。

# 关于《中华人民共和国行政处罚法（修订草案）》的说明

——2020 年 6 月 28 日在第十三届全国人民代表大会常务委员会第二十次会议上

全国人大常委会法制工作委员会副主任　许安标

全国人民代表大会常务委员会：

我受委员长会议的委托，作关于《中华人民共和国行政处罚法（修订草案）》的说明。

**一、修改的必要性和起草过程**

行政处罚是行政机关有效实施行政管理，保障法律、法规贯彻施行的重要手段。现行行政处罚法于 1996 年由第八届全国人大第四次会议通过，2009 年和 2017 年先后两次作了个别条文修改，对行政处罚的种类、设定和实施作了基本规定。该法颁布施行以来，对增强行政机关及其工作人员依法行政理念，依法惩处各类行政违法行为，推动解决乱处罚问题，保护公民、法人和其他组织合法权益发挥了重要作用，积累了宝贵经验，同时，执法实践中也提出了一些新问题。党的十八大以来，以习近平同志为核心的党中央推进全面依法治国，深化行政执法体制改革，建立权责统一、权威高效的行政执法体制；完善行政执法程序，坚持严格规范公正文明执法。为贯彻落实党中央重大改革决策部署，推进国家治理体系和治理能力现代化，加强法治政府建设，完善行政处罚制度，解决执法实践中遇到的突出问题，有必要修改行政处罚法。

党的十八大以来，先后有近两百名全国人大代表、政协委员提出修改行政处罚法的议案、建议和提案，有关方面也陆续提出修改行政处罚法的意见和建议。行政处罚法修改列入十三届全国人大常委会立法规划。法制工作委员会于2018年启动行政处罚法的修改工作，先后到北京、江西、广东、内蒙古、天津、河南等地进行调研，多次召开国务院部门、地方人大、政府法制机构、专家学者、律师和企业座谈会，听取各方面的意见和建议。通过上海虹桥街道基层立法联系点走访基层执法部门了解实际情况，委托部分国务院部门、地方人大、基层立法联系点收集法律实施过程中存在的突出问题。通过课题委托、专题研究等方式，认真研究相关问题。在广泛征求意见和深入研究的基础上，2019年10月形成修改草案征求意见稿，书面征求国务院部门、31个省（区、市）和部分设区的市人大常委会法制工作机构，以及基层立法联系点、部分高等院校、科研单位的意见。召开座谈会，专门听取部分省、直辖市人大常委会法制工作机构主要负责同志意见。2020 年 1 月，分别召开中央政法委、中央改革办、中央依法治国办、中央编办以及部分国务院部门、法院系统同志参加的座谈会，再次征求意见。根据各方面意见，对征求意见稿进一步修改完善，形成了行政处罚法修订草案。

**二、修改的指导思想和主要考虑**

修改工作坚持以习近平新时代中国特色社会主义思想为指导，深入贯彻党的十九大和十九届二中、三中、四中全会精神，全面贯彻习近平总书记全面依法治国新理念新思想新战略，适应推进全面依法治国的需要，落实完善行政执法体制、严格规范公正文明执法的改革要求，推进国家治理体系和治理能力现代化。

根据各方面意见，修改工作把握以下几点：一是贯彻落实党中央重大决策部署，立法主动适应改革需要，体现和巩固行政执法领域中取得的重大改革成果。二是坚持问题导向，适应实践需要，扩大地方的行政处罚设定权限，加大重点领域行政处罚力度。三是坚持权由法定的法治原则，增加综合行政执法，赋予乡镇街道行政处罚权，完善行政处罚程序，严格行政执法责任，更好地保障严格规范公正文明执法。四是把握通用性，从行政处罚法是行政处罚领域的通用规范出发，认真总结实践经验，发展和完善行政处罚的实体和程序规则，为单行法律、法规设定行政处罚和行政机关实施行政处罚提供基本遵循。

## 三、修改的主要内容

### （一）关于行政处罚的定义和种类

现行行政处罚法第八条列举了七项行政处罚种类。一些意见反映，行政处罚法未对行政处罚进行界定，所列举的处罚种类较少，不利于行政执法实践和法律的实施。据此，作以下修改：一是增加行政处罚的定义，明确行政处罚是指行政机关在行政管理过程中，对违反行政管理秩序的公民、法人或者其他组织，以依法减损权利或者增加义务的方式予以惩戒的行为。二是将现行单行法律、法规中已经明确规定，行政执法实践中常用的行政处罚种类纳入本法，增加规定通报批评、降低资质等级、不得申请行政许可、限制开展生产经营活动、限制从业、责令停止行为、责令作出行为等行政处罚种类。

### （二）关于地方性法规设定行政处罚的权限

现行行政处罚法第十一条规定："地方性法规可以设定除限制人身自由、吊销企业营业执照以外的行政处罚。""法律、行政法规对违法行为已经作出行政处罚规定，地方性法规需要作出具体规定的，必须在法律、行政法规规定的给予行政处罚的行为、种类和幅度的范围内规定。”多年来，一些地方人大同志反映，现行行政处罚法中有关地方性法规设定行政处罚的规定限制过严，地方保障法律法规实施的手段受限，建议扩大地方性法规的行政处罚设定权限。为充分发挥地方性法规在地方治理中的作用，增加规定：地方性法规为实施法律、行政法规，对法律、行政法规未规定的违法行为可以补充设定行政处罚。地方性法规拟补充设定行政处罚的，应当通过听证会、论证会等形式听取意见，并向制定机关作出说明。

（三）关于行政处罚实施主体

根据党和国家机构改革和行政执法体制改革要求，明确综合行政执法的法律地位，增加规定：国家在城市管理、市场监管、生态环境、文化市场、交通运输、农业等领域实行综合行政执法，相对集中行政处罚权，由一个行政机关统一实施相关领域的行政处罚。同时，根据基层整合审批服务执法力量改革要求，推进行政执法权限和力量向基层延伸和下沉，增加规定：省、自治区、直辖市根据当地实际情况，可以决定符合条件的乡镇人民政府、街道办事处对其管辖区域内的违法行为行使有关县级人民政府部门的部分行政处罚权。

（四）关于行政处罚的适用

经过多年的执法实践，行政处罚的适用规则不断发展完善，在总结实践经验基础上，作以下补充完善：一是明确行政机关实施行政处罚时，有违法所得的，应当予以没收。二是规范行政处罚自由裁量权行使，完善从轻、减轻的法定情形，增加规定当事人有证据证明没有主观过错的，不予行政处罚，法律、行政法规有特别规定的，依照其规定；行政机关可以依法制定行政处罚裁量基准。三是加大重点领域执法力度，涉及公民生命健康安全的违法行为的追责期限由两年延长至五年。四是增加“从旧兼从轻”适用规则，行政处罚的依据适用违法行为发生时的法律、法规和规章的规定，但是新的法律、法规和规章的规定更有利于当事人的，适用新的法律、法规和规章的规定。五是完善行政处罚决定无效制度，行政处罚没有法定依据或者实施主体不具有行政主体资格的，行政处罚无效；不遵守法定程序构成重大且明显违法的，行政处罚无效。六是明确行政处罚证据种类和适用规则，规定证据必须经查证属实，方可作为认定案件事实的根据；以非法手段取得的证据，不得作为认定案件事实的根据。七是进一步明确适用范围，外国人、无国籍人、外国组织在中华人民共和国领域内有违法行为，应当给予行政处罚的，适用本法，法律另有规定的除外。

（五）关于行政处罚的程序

为推进严格规范公正文明执法，巩固行政执法公示制度、行政执法全过程记录制度、重大执法决定法制审核制度“三项制度”改革成果，进一步完善行政处罚程序，作以下修改：一是明确公示要求，增加规定行政处罚的实施机关、立案依据、实施程序和救济渠道等信息应当公示；行政处罚决定应当依法公开。二是体现全程记录，增加规定行政机关应当依法以文字、音像等形式，对行政处罚的启动、调查取证、审核、决定、送达、执行等进行全过程记录，归档保存。三是细化法制审核程序，列明适用情形，明确未经法制审核或者审核未通过的不得作出行政处罚决定。四是规范非现场执法，增加规定行政机关依照法律、行政法规规定利用电子技术监控设备收集、固定违法事实的，应当经过法制和技术审核，确保设置合理、标准合格、标志明显，设置地点应当向社会公布，并对记录内容和方便当事人查询作出相应规定。五是进一步完善回避制度，细化回避情形，明确对回避申请应当依法审查，但不停止调查或者实施行政处罚。六是增加规定发生重大传染病疫情等突发事件，为了控制、减轻和消除突发事件引起的社会危害，行政机关对违反突发事件应对措施的行为，依法从重处罚，并可以简化程序。七是适应行政执法实际需要，将适用简易程序的罚款数额由五十元以下和一千元以下，分别提高至二百元以下和三千元以下。八是增加立案程序，除当场作出的行政处罚外，行政机关认为符合立案标准的，应当立案。九是完善听证程序，扩大适用范围，适当延长申请期限，明确行政机关应当结合听证笔录作出决定。

（六）关于行政处罚的执行

为保障行政处罚决定的依法履行，补充完善执行制度，作以下修改：一是适应行政执法实际需要，将行政机关当场收缴的罚款数额由二十元以下提高至一百元以下。二是与行政强制法相衔接，完善行政处罚的强制执行程序，规定当事人逾期不履行行政处罚决定的，行政机关可以根据法律规定实施行政强制执行。三是明确行政机关批准延期、分期缴纳罚款的，申请人民法院强制执行的期限，自暂缓或者分期缴纳罚款期限结束之日起计算。四是明确当事人申请行政复议或者提起行政诉讼的，加处罚款的数额在行政复议或者行政诉讼期间不予计算。

（七）关于执法监督

为贯彻落实行政执法责任制和责任追究制度，强化对行政处罚行为的监督，作以下修改：一是增加规定罚款、没收违法所得或者没收非法财物拍卖的款项，不得同作出行政处罚决定的行政机关及其工作人员的考核、考评直接或者变相挂钩。二是增加规定县级以上人民政府应当定期组织开展行政执法评议、考核，加强对行政处罚的监督检查，规范和保障行政处罚的实施。

此外，修订草案对管辖、行政执法协助、行政执法资格等规定也作了补充完善。

行政处罚法修订草案和以上说明是否妥当，请审议。

# 全国人民代表大会宪法和法律委员会关于《中华人民共和国行政处罚法（修订草案）》修改情况的汇报

——2020年10月13日在第十三届全国人民代表大会常务委员会第二十二次会议上

全国人大宪法和法律委员会副主任委员　胡可明

全国人民代表大会常务委员会：

常委会第二十次会议对行政处罚法修订草案进行了初次审议。会后，法制工作委员会将修订草案印发各省（区、市）、立法联系点和中央有关部门等征求意见，在中国人大网公布修订草案全文，征求社会公众意见。宪法和法律委员会、法制工作委员会联合召开座谈会，听取部分全国人大代表和有关部门、专家、企业、行业协会等的意见；到辽宁、四川和广东等地调研，召开专题座谈会，听取地方人大、行政机关和企业的意见，实地了解综合行政执法实施情况；并就修订草案中的主要问题与有关部门交换意见，共同研究。宪法和法律委员会于9月15日召开会议，根据常委会组成人员的审议意见和各方面意见，对修订草案进行了逐条审议。司法部、最高人民法院的有关负责同志列席了会议。9 月 29 日，宪法和法律委员会召开会议，再次进行了审议。现将行政处罚法修订草案主要问题修改情况汇报如下：

一、修订草案第九条列举了六项行政处罚种类。有些常委委员、部门、地方和专家提出，有的常用的行政处罚种类尚未纳入，有些行政处罚种类与其他行政管理措施的边界不够清晰，建议进一步完善行政处罚种类的规定。宪法和法律委员会经研究，建议适当调整行政处罚种类：一是增加“责令关闭”的行政处罚种类；二是删去“不得申请行政许可”“责令停止行为”“责令作出行为”的行政处罚种类。

二、修订草案第十二条第三款对地方性法规补充设定行政处罚作了规定。有些常委委员、地方和社会公众提出，适当扩大地方性法规设定行政处罚的权限是必要的，建议进一步明确范围、完善程序，增加约束性要求。同时，司法部建议对行政法规补充设定行政处罚也作出相应规定。宪法和法律委员会经研究，建议增加规定：“法律对违法行为未作出行政处罚规定，行政法规为实施法律，可以补充设定行政处罚。拟补充设定行政处罚的，应当通过听证会、论证会等形式广泛听取意见，并向制定机关作出书面说明。行政法规报送备案时，应当说明补充设定行政处罚的情况。”并对地方性法规补充设定行政处罚的规定作相应完善。

三、中央编办提出，为了简政放权、优化营商环境，应当定期对已经设定的行政处罚进行评估，减少不必要的行政处罚事项。宪法和法律委员会经研究，建议增加规定：“国务院部门和省、自治区、直辖市人民政府及其有关部门应当定期组织评估行政处罚的实施情况和必要性，对不适当的行政处罚事项，应当提出修改或者废止的建议。”

四、修订草案第十七条第一款对综合行政执法作了规定。有些常委委员、部门、地方和社会公众提出，综合行政执法改革正在推进过程中，需要根据实践总结完善，立法应当为改革探索留有空间。宪法和法律委员会经研究，建议修改为：“国家在城市管理、市场监管、生态环境、文化市场、交通运输、农业等领域推行建立综合行政执法制度，相对集中行政处罚权。”

五、修订草案第二十二条第二款对行政处罚权下放乡镇、街道作了规定。有些常委会组成人员、部门、地方和社会公众提出，为满足基层执法需求，保障行政处罚权“放得下、接得住、管得好”，应当进一步明确下放行政处罚权的条件和情形。宪法和法律委员会经研究，建议修改为：“省、自治区、直辖市根据当地实际情况，可以决定将基层管理迫切需要的县级人民政府部门的行政处罚权交由能够有效承接且符合条件的乡镇人民政府、街道办事处行使。”

六、有些常委会组成人员、部门、地方和专家学者提出，行政处罚法的重要内容是规范行政处罚程序，建议进一步完善相关程序。宪法和法律委员会经研究，建议作以下修改：一是完善立案程序，规定符合立案标准的，行政机关应当及时立案。同时，对应当立案不及时立案的，设定相应法律责任。二是明确行政处罚期限，增加规定行政机关应当自行政处罚案件立案之日起九十日内作出行政处罚决定，法律、法规、规章另有规定的除外。三是完善听证程序，在听证范围中增加“降低资质等级”的行政处罚种类；明确听证结束后，行政机关应当根据听证笔录作出行政处罚决定。四是增加文明执法内容，执法人员应当文明执法，尊重和保护当事人合法权益。五是完善回避程序，增加规定执法人员的回避由行政机关负责人决定。六是细化行政处罚决定公开要求，明确行政处罚决定应当按照政府信息公开的有关规定予以公开。

此外，还对修订草案作了一些文字修改。

修订草案二次审议稿已按上述意见作了修改，宪法和法律委员会建议提请本次常委会会议继续审议。

修订草案二次审议稿和以上汇报是否妥当，请审议。

# 全国人民代表大会宪法和法律委员会关于《中华人民共和国行政处罚法（修订草案）》审议结果的报告

——2021年1月20日在第十三届全国人民代表大会常务委员会第二十五次会议上

全国人大宪法和法律委员会副主任委员　胡可明

全国人民代表大会常务委员会：

常委会第二十二次会议对行政处罚法修订草案进行了二次审议。会后，法制工作委员会在中国人大网全文公布修订草案二次审议稿，再次征求社会公众的意见；到北京、河北、上海调研，召开专题座谈会，听取部分全国人大代表和行政执法机关、乡镇街道、基层立法联系点、专家学者、企业等的意见，实地了解综合行政执法、乡镇街道行使行政处罚权、行政处罚信息化建设等情况；就修订草案中的主要问题与有关部门交换意见，共同研究。宪法和法律委员会于2020年12月30日召开会议，根据常委会组成人员的审议意见和各方面的意见，对修订草案进行了审议。司法部、最高人民法院的有关负责同志列席了会议。2021 年 1 月 13 日，宪法和法律委员会召开会议，再次进行了审议。宪法和法律委员会认为，为了深入贯彻习近平法治思想，贯彻落实党中央关于全面依法治国重大决策部署，完善行政处罚制度，推进国家治理体系和治理能力现代化，对行政处罚法进行修订是必要的，修订草案经过两次审议修改，已经比较成熟。同时，提出以下主要修改意见：

一、修订草案二次审议稿第十八条第三款规定，限制人身自由的行政处罚权只能由公安机关行使。有的部门、地方提出，根据反间谍法和国家情报法的规定，国家安全机关也可以行使限制人身自由的行政处罚权，需要做好衔接。宪法和法律委员会经研究，建议修改为："限制人身自由的行政处罚权只能由公安机关和法律规定的其他机关行使。"

二、修订草案二次审议稿第二十三条第二款对行政处罚权下放乡镇街道作了规定。有的常委委员、地方和社会公众提出，行政处罚权下放乡镇街道是必要的，但需要进一步规范，防止出现问题。宪法和法律委员会经研究，建议增加以下规定：一是省、自治区、直辖市将行政处罚权下放乡镇街道的决定应当公布。二是承接行政处罚权的乡镇人民政府、街道办事处应当加强执法能力建设，按照规定范围、依照法定程序实施行政处罚。三是有关地方人民政府及其部门应当加强组织协调、监督指导，建立健全行政处罚协调配合机制，完善评议、考核制度。

**三**、有的常委委员、地方、专家学者和社会公众建议完善行政处罚和刑事司法衔接机制，推动解决案件移送中的问题。宪法和法律委员会经研究，建议增加以下规定：一是对依法不需要追究刑事责任或者免予刑事处罚，但应当给予行政处罚的，司法机关应当及时将案件移送有关行政机关。二是行政处罚实施机关与司法机关之间应当加强协调配合，建立健全案件移送制度，加强证据材料移交、接收衔接，完善案件处理信息通报机制。三是违法行为构成犯罪判处罚金的，行政机关尚未给予当事人罚款的，不再给予罚款。

**四**、有的常委委员、地方和社会公众建议进一步细化过罚相当原则，强化行政处罚的教育功能。宪法和法律委员会经研究，建议增加以下规定：一是尚未完全丧失辨认或者控制自己行为能力的精神病人有违法行为的，可以从轻或者减轻行政处罚。二是初次违法且危害后果轻微并及时改正的，可以不予行政处罚。三是对当事人的违法行为不予行政处罚的，行政机关应当对当事人进行教育。

**五**、有的常委委员、部门、专家学者和社会公众提出，对运用信息化等手段实施行政处罚应当加强规范，在提高行政效率的同时，也要体现便民原则，保护当事人的陈述、申辩等权利。宪法和法律委员会经研究，建议作以下修改：一是进一步要求行政机关及时告知当事人电子技术监控设备记录的违法事实，并采取信息化手段或者其他措施，为当事人查询、陈述和申辩提供便利。不得限制或者变相限制当事人享有的陈述权、申辩权。二是增加规定当事人同意并签订确认书的，行政机关可以采用传真、电子邮件等方式，将行政处罚决定书等送达当事人。三是明确当事人可以通过电子支付系统缴纳罚款。

六、有的常委委员、代表、地方、专家学者和社会公众建议进一步完善行政处罚程序，健全行政处罚执行制度。宪法和法律委员会经研究，建议作以下修改：一是明确行政处罚决定公开的适当范围，要求具有一定社会影响的行政处罚决定依法公开。二是扩大听证范围，明确将其他较重的行政处罚纳入听证范围。三是增加规定当事人对限制人身自由的行政处罚决定不服，申请行政复议或者提起行政诉讼的，可以向作出决定的机关提出暂缓执行申请。符合法律规定情形的，应当暂缓执行。

七、有的常委委员、部门、地方、专家学者和社会公众建议完善行政处罚的适用规则，加强对行政处罚的社会监督。宪法和法律委员会经研究，建议作以下修改：一是增加规定违法所得是指实施违法行为所取得的款项，法律、行政法规、部门规章另有规定的除外。二是明确违法行为涉及公民生命健康安全、金融安全且有危害后果的，追责期限延长至五年。三是明确行政机关实施行政处罚应当接受社会监督。

此外，还对修订草案二次审议稿作了一些文字修改。

2021年1月12日，法制工作委员会召开会议，邀请部分全国人大代表和行政执法机关、乡镇街道、专家学者、企业等就修订草案中主要制度规范的可行性、出台时机、实施的社会效果和可能出现的问题等进行评估。与会人员普遍认为，完善行政处罚制度，是法治政府建设的重要内容，修改行政处罚法是必要和及时的。修订草案坚持以习近平法治思想为指导，巩固行政执法领域重大改革成果，回应人民群众期待和实践需求，健全行政处罚实体和程序规则，制度规范可行。修订草案充分吸收了各方面意见，已经比较成熟，建议尽快通过实施。与会人员还对修订草案提出了一些具体修改意见，宪法和法律委员会进行了认真研究，对有的意见予以采纳。

修订草案三次审议稿已按上述意见作了修改，宪法和法律委员会建议提请本次常委会会议审议通过。

修订草案三次审议稿和以上报告是否妥当，请审议。

# 全国人民代表大会宪法和法律委员会关于《中华人民共和国行政处罚法（修订草案三次审议稿）》修改意见的报告

——2021 年 1 月 22 日在第十三届全国人民代表大会常务委员会第二十五次会议上

全国人民代表大会常务委员会：

本次常委会会议于 1 月 20 日下午对行政处罚法修订草案三次审议稿进行了分组审议。普遍认为，修订草案已经比较成熟，建议进一步修改后，提请本次常委会会议表决通过。同时，有些常委会组成人员和列席人员还提出了一些修改意见和建议。宪法和法律委员会于 1 月 21 日上午召开会议，逐条研究了常委会组成人员的审议意见，对修订草案进行了审议。司法部有关负责同志列席了会议。宪法和法律委员会认为，修订草案是可行的，同时，提出以下修改意见：

一、有的常委会组成人员提出，行政处罚应当以行政机关实施为主，委托其他组织实施应当从严，坚持依法委托。宪法和法律委员会经研究，建议增加规定：委托应当采用书面形式；委托书应当载明委托的具体事项、权限、期限等内容；委托书应当公布。

二、有的常委委员建议进一步规范乡镇街道行使行政处罚权，实行定期评估，强化执法监督。宪法和法律委员会经研究，建议采纳这一意见。

三、修订草案三次审议稿第四十五条第二款规定，行政机关不得因当事人申辩而加重处罚。有的常委委员提出，陈述权与申辩权都是重要的程序性权利，都不得因当事人陈述、申辩而给予更重的处罚。宪法和法律委员会经研究，建议修改为："行政机关不得因当事人陈述、申辩而给予更重的处罚。"

四、有的常委委员、列席人员建议完善集体讨论制度，明确逾期不缴纳罚款而加处罚款数额的上限。宪法和法律委员会经研究，建议作以下修改：一是要求对情节复杂或者重大违法行为给予行政处罚，行政机关负责人应当集体讨论决定。二是增加规定加处罚款的数额不得超出罚款的数额。

五、有的常委委员提出，实践中有案不移、有案不立等不作为问题较为突出，应当结合相关法律、行政法规规定，完善法律责任。宪法和法律委员会经研究，建议对依法应当移交追究刑事责任而不移交的，或者依法应当予以制止和处罚的违法行为不予制止、处罚的，加大追责力度，作相应规定。

在常委会审议中，有些常委会组成人员还就完善行政处罚种类、明确限制人身自由的行政处罚权行使主体、进一步细化行政处罚相关程序等提出了一些具体意见。有些常委会组成人员建议有关方面抓紧制定配套规定，及时开展法规、规章和其他规范性文件清理工作，加强法律宣传和指导，强化行政执法人财物保障。宪法和法律委员会经研究认为，上述意见涉及的问题，有的已在相关法律中作出规定，有的可在制定相关法律时作出规定，有的需要在配套规定中进一步细化，建议有关方面认真研究落实，抓紧完善配套规定，及时开展清理工作，做好法律宣传，加强行政执法保障，切实做好法律的贯彻实施。

经与有关部门研究，建议将修订后的行政处罚法的施行时间确定为 2021 年 7 月 15 日。

此外，根据常委会组成人员的审议意见，还对修订草案三次审议稿作了一些文字修改。

修订草案建议表决稿已按上述意见作了修改，宪法和法律委员会建议本次常委会会议审议通过。

修订草案建议表决稿和以上报告是否妥当，请审议。

# 国务院关于进一步贯彻实施《中华人民共和国行政处罚法》的通知

（2021年11月15日　国发〔2021〕26号）

各省、自治区、直辖市人民政府，国务院各部委、各直属机构：

《中华人民共和国行政处罚法》（以下简称行政处罚法）已经十三届全国人大常委会第二十五次会议修订通过。为进一步贯彻实施行政处罚法，现就有关事项通知如下：

**一、充分认识贯彻实施行政处罚法的重要意义**

行政处罚法是规范政府行为的一部重要法律。贯彻实施好新修订的行政处罚法，对推进严格规范公正文明执法，保障和监督行政机关有效实施行政管理，优化法治化营商环境，保护公民、法人或者其他组织的合法权益，加快法治政府建设，推进国家治理体系和治理能力现代化，具有重要意义。新修订的行政处罚法体现和巩固了近年来行政执法领域取得的重大改革成果，回应了当前的执法实践需要，明确了行政处罚的定义，扩充了行政处罚种类，完善了行政处罚程序，强化了行政执法责任。各地区、各部门要从深入学习贯彻习近平法治思想，加快建设法治国家、法治政府、法治社会的高度，充分认识新修订的行政处罚法施行的重要意义，采取有效措施，作出具体部署，扎实做好贯彻实施工作。

**二、加强学习、培训和宣传工作**

（一）开展制度化规范化常态化培训。行政机关工作人员特别是领导干部要带头认真学习行政处罚法，深刻领会精神实质和内在要求，做到依法行政并自觉接受监督。各地区、各部门要将行政处罚法纳入行政执法培训内容，作为行政执法人员的必修课，使行政执法人员全面理解和准确掌握行政处罚法的规定，依法全面正确履行行政处罚职能。各地区、各部门要于 2022 年 6 月前通过多种形式完成对现有行政执法人员的教育培训，并持续做好新上岗行政执法人员培训工作。

（二）加大宣传力度。各地区、各部门要将行政处罚法宣传纳入本地区、本部门的“八五”普法规划，面向社会广泛开展宣传，增强全民法治观念，提高全民守法意识，引导各方面监督行政处罚行为、维护自身合法权益。要按照“谁执法谁普法”普法责任制的要求，落实有关属地管理责任和部门主体责任，深入开展行政执法人员、行政复议人员等以案释法活动。

## 三、依法规范行政处罚的设定

（三）加强立法释法有关工作。起草法律、法规、规章草案时，对违反行政管理秩序的公民、法人或者其他组织，以减损权益或者增加义务的方式实施惩戒的，要依法设定行政处罚，不得以其他行政管理措施的名义变相设定，规避行政处罚设定的要求。对上位法设定的行政处罚作出具体规定的，不得通过增减违反行政管理秩序的行为和行政处罚种类、在法定幅度之外调整罚款上下限等方式层层加码或者“立法放水”。对现行法律、法规、规章中的行政管理措施是否属于行政处罚有争议的，要依法及时予以解释答复或者提请有权机关解释答复。

（四）依法合理设定罚款数额。根据行政处罚法规定，尚未制定法律、行政法规的，国务院部门规章对违反行政管理秩序的行为，可以按照国务院规定的限额设定一定数额的罚款。部门规章设定罚款，要坚持过罚相当，罚款数额要与违法行为的事实、性质、情节以及社会危害程度相当，该严的要严，该轻的要轻。法律、行政法规对违法行为已经作出罚款规定的，部门规章必须在法律、行政法规规定的给予行政处罚的行为、种类和幅度的范围内规定。尚未制定法律、行政法规，因行政管理迫切需要依法先以部门规章设定罚款的，设定的罚款数额最高不得超过10万元，且不得超过法律、行政法规对相似违法行为的罚款数额，涉及公民生命健康安全、金融安全且有危害后果的，设定的罚款数额最高不得超过20万元；超过上述限额的，要报国务院批准。上述情况下，部门规章实施一定时间后，需要继续实施其所设定的罚款且需要上升为法律、行政法规的，有关部门要及时报请国务院提请全国人大及其常委会制定法律，或者提请国务院制定行政法规。本通知印发后，修改部门规章时，要结合实际研究调整罚款数额的必要性，该降低的要降低，确需提高的要严格依照法定程序在限额范围内提高。地方政府规章设定罚款的限额，依法由省、自治区、直辖市人大常委会规定。

（五）强化定期评估和合法性审核。国务院部门和省、自治区、直辖市人民政府及其有关部门要认真落实行政处罚定期评估制度，结合立法计划规划每5年分类、分批组织一次评估。对评估发现有不符合上位法规定、不适应经济社会发展需要、明显过罚不当、缺乏针对性和实用性等情形的行政处罚规定，要及时按照立法权限和程序自行或者建议有权机关予以修改、废止。要加强行政规范性文件合法性审核，行政规范性文件不得设定行政处罚；违法规定行政处罚的，相关规定一律无效，不得作为行政处罚依据。

## 四、进一步规范行政处罚的实施

（六）依法全面正确履行行政处罚职能。行政机关要坚持执法为民，通过行政处罚预防、纠正和惩戒违反行政管理秩序的行为，维护公共利益和社会秩序，保护公民、法人或者其他组织的合法权益，不得违法实施行政处罚，不得为了处罚而处罚，坚决杜绝逐利执法，严禁下达罚没指标。财政部门要加强对罚缴分离、收支两条线等制度实施情况的监督，会同司法行政等部门按规定开展专项监督检查。要持续规范行政处罚行为，推进事中事后监管法治化、制度化、规范化，坚决避免运动式执法等执法乱象。

（七）细化管辖、立案、听证、执行等程序制度。各地区、各部门要严格遵守法定程序，结合实际制定、修改行政处罚配套制度，确保行政处罚法的有关程序要求落到实处。要进一步完善地域管辖、职能管辖等规定，建立健全管辖争议解决机制。两个以上行政机关属于同一主管部门，发生行政处罚管辖争议、协商不成的，由共同的上一级主管部门指定管辖；两个以上行政机关属于不同主管部门，发生行政处罚管辖争议、协商不成的，司法行政部门要会同有关单位进行协调，在本级人民政府领导下做好指定管辖工作。要建立健全立案制度、完善立案标准，对违反行政管理秩序的行为，按规定及时立案并严格遵守办案时限要求，确保案件得到及时有效查处。确需通过立法对办案期限作出特别规定的，要符合有利于及时查清案件事实、尽快纠正违法行为、迅速恢复正常行政管理秩序的要求。要建立健全行政处罚听证程序规则，细化听证范围和流程，严格落实根据听证笔录作出行政处罚决定的规定。要逐步提高送达地址确认书的利用率，细化电子送达工作流程，大力推进通过电子支付系统缴纳罚款，加强信息安全保障和技术支撑。

（八）规范电子技术监控设备的设置和使用。行政机关设置电子技术监控设备要确保符合标准、设置合理、标志明显，严禁违法要求当事人承担或者分摊设置电子技术监控设备的费用，严禁交由市场主体设置电子技术监控设备并由市场主体直接或者间接收取罚款。除有证据证明当事人存在破坏或者恶意干扰电子技术监控设备、伪造或者篡改数据等过错的，不得因设备不正常运行给予其行政处罚。要定期对利用电子技术监控设备取证的行政处罚决定进行数据分析；对同一区域内的高频违法行为，要综合分析研判原因，推动源头治理，需要改进行政管理行为的，及时采取相应措施，杜绝以罚代管。要严格限制电子技术监控设备收集信息的使用范围，不得泄露或者向他人非法提供。

（九）坚持行政处罚宽严相济。各地区、各部门要全面推行行政裁量基准制度，规范行政处罚裁量权，确保过罚相当，防止畸轻畸重。行政机关不得在未查明违法事实的情况下，对一定区域、领域的公民、法人或者其他组织“一刀切”实施责令停产停业、责令关闭等行政处罚。各地区、各部门要按照国务院关于复制推广自由贸易试验区改革试点经验的要求，全面落实“初次违法且危害后果轻微并及时改正的，可以不予行政处罚”的规定，根据实际制定发布多个领域的包容免罚清单；对当事人违法行为依法免予行政处罚的，采取签订承诺书等方式教育、引导、督促其自觉守法。要加大食品药品、公共卫生、自然资源、生态环境、安全生产、劳动保障等关系群众切身利益的重点领域执法力度。发生重大传染病疫情等突发事件，行政机关对违反突发事件应对措施的行为依法快速、从重处罚时，也要依法合理保护当事人的合法权益。

（十）健全法律责任衔接机制。各地区、各部门要细化责令退赔违法所得制度，依法合理保护利害关系人的合法权益；当事人主动退赔，消除或者减轻违法行为危害后果的，依法予以从轻或者减轻行政处罚。要全面贯彻落实《行政执法机关移送涉嫌犯罪案件的规定》，加强行政机关和司法机关协调配合，按规定畅通案件移送渠道，完善案件移送标准和证据认定保全、信息共享、工作协助等机制，统筹解决涉案物品归口处置和检验鉴定等问题。积极推进行政执法与刑事司法衔接信息平台建设。对有案不移等，情节严重构成犯罪的，依法追究刑事责任。

## 五、持续改革行政处罚体制机制

（十一）纵深推进综合行政执法体制改革。省、自治区、直辖市人民政府要统筹协调推进综合行政执法改革工作，建立健全配套制度，组织编制并公开本地区综合行政执法事项清单。有条件的地区可以在统筹考虑综合性、专业性以及防范风险的基础上，积极稳妥探索开展更大范围、更多领域集中行使行政处罚权以及与之相关的行政检查权、行政强制权。建立健全综合行政执法机关与业务主管部门、其他行政机关行政执法信息互联互通共享、协作配合工作机制。同时实施相对集中行政许可权和行政处罚权的，要建立健全相关制度机制，确保有序衔接，防止出现监管真空。

（十二）积极稳妥赋权乡镇街道实施行政处罚。省、自治区、直辖市根据当地实际情况，采取授权、委托、相对集中行政处罚权等方式向能够有效承接的乡镇人民政府、街道办事处赋权，要注重听取基层意见，关注基层需求，积极稳妥、科学合理下放行政处罚权，成熟一批、下放一批，确保放得下、接得住、管得好、有监督；

要定期组织评估，需要调整的及时调整。有关市、县级人民政府及其部门要加强对乡镇人民政府、街道办事处行政处罚工作的组织协调、业务指导、执法监督，建立健全评议考核等配套制度，持续开展业务培训，研究解决实际问题。乡镇人民政府、街道办事处要不断加强执法能力建设，依法实施行政处罚。

（十三）规范委托行政处罚。委托行政处罚要有法律、法规、规章依据，严格依法采用书面委托形式，委托行政机关和受委托组织要将委托书向社会公布。对已经委托行政处罚，但是不符合行政处罚法要求的，要及时清理；不符合书面委托规定、确需继续实施的，要依法及时完善相关手续。委托行政机关要向本级人民政府或者实行垂直管理的上级行政机关备案委托书，司法行政等部门要加强指导、监督。

（十四）提升行政执法合力。逐步完善联合执法机制，复制推广“综合查一次”经验，探索推行多个行政机关同一时间、针对同一执法对象开展联合检查、调查，防止执法扰民。要健全行政处罚协助制度，明确协助的实施主体、时限要求、工作程序等内容。对其他行政机关请求协助、属于自身职权范围内的事项，要积极履行协助职责，不得无故拒绝、拖延；无正当理由拒绝、拖延的，由上级行政机关责令改正，对相关责任人员依法依规予以处理。要综合运用大数据、物联网、云计算、区块链、人工智能等技术，先行推进高频行政处罚事项协助，实现违法线索互联、监管标准互通、处理结果互认。有关地区可积极探索跨区域执法一体化合作的制度机制，建立健全行政处罚预警通报机制，完善管辖、调查、执行等方面的制度机制，为全国提供可复制推广的经验。

**六、加强对实施行政处罚的监督**

（十五）强化行政执法监督。要加快建设省市县乡四级全覆盖的行政执法协调监督工作体系，创新监督方式，强化全方位、全流程监督，提升行政执法质量。要完善执法人员资格管理、执法行为动态监测、行政处罚案卷评查、重大问题调查督办、责任追究等制度机制，更新行政处罚文书格式文本，完善办案信息系统，加大对行政处罚的层级监督力度，切实整治有案不立、有案不移、久查不结、过罚不当、怠于执行等顽瘴痼疾，发现问题及时整改；对行政处罚实施过程中出现的同类问题，及时研究规范。要完善评议考核、统计分析制度，不得以处罚数量、罚没数额等指标作为主要考核依据。要综合评估行政处罚对维护经济社会秩序，保护公民、法人或者其他组织合法权益，提高政府管理效能的作用，探索建立行政处罚绩效评估制度。各级人民政府要不断加强行政执法协调监督队伍建设，确保力量配备、工作条件、能力水平与工作任务相适应。

各地区、各部门要把贯彻实施好新修订的行政处罚法作为当前和今后一段时期加快建设法治政府的重要抓手，切实加强和改进相关行政立法，规范行政执法，强化行政执法监督，不断提高依法行政的能力和水平。要梳理总结贯彻实施行政处罚法的经验做法，及时将重要情况和问题报送司法部。司法部要加强统筹协调监督，指导各地区、各部门抓好贯彻实施工作，组织开展行政处罚法贯彻实施情况检查，重大情况及时报国务院。此前发布的国务院文件有关规定与本通知不一致的，以本通知为准。

**中华人民共和国行政处罚法**
**国务院关于进一步贯彻实施《中华人民共和国行政处罚法》的通知**
ZHONGHUA RENMIN GONGHEGUO XINGZHENG CHUFAFA
GUOWUYUAN GUANYU JINYIBU GUANCHE SHISHI ZHONGHUA RENMIN GONGHEGUO XINGZHENG CHUFAFA DE TONGZHI

经销/新华书店
印刷/北京海纳百川印刷有限公司
开本/850 毫米×1168 毫米 32 开　　印张/2 字数/29 千
版次/2021 年 12 月第 1 版　　2021 年 12 月第 1 次印刷

中国法制出版社出版
书号 ISBN 978-7-5216-2373-4　　定价：10.00 元

北京市西城区西便门西里甲 16 号西便门办公区
邮政编码：100053　　传真：010-63141852
**网址：http：//www.zgfzs.com**　　**编辑部电话：010-63141673**
**市场营销部电话：010-63141612**　　**印务部电话：010-63141606**

（如有印装质量问题，请与本社印务部联系。）